Überblick über Instrumente des Wissensmanagement

Bibliografische Information der Deutschen Nationalbibliothek:

Die Deutsche Nationalbibliothek verzeichnet diese Publikation in der Deutschen Nationalbibliografie; detaillierte bibliografische Daten sind im Internet über http://dnb.d-nb.de abrufbar.

ISBN: 9783389063200
Dieses Buch ist auch als E-Book erhältlich.

© GRIN Publishing GmbH
Trappentreustraße 1
80339 München

Druck und Bindung: Books on Demand GmbH, Norderstedt Germany
Gedruckt auf säurefreiem Papier aus verantwortungsvollen Quellen

Das vorliegende Werk wurde sorgfältig erarbeitet. Dennoch übernehmen Autoren und Verlag für die Richtigkeit von Angaben, Hinweisen, Links und Ratschlägen sowie eventuelle Druckfehler keine Haftung.

Das Buch bei GRIN: https://www.grin.com/document/1499228

AKAD

Bildungsgesellschaft mbH

Informatik – Bachelor of Science (B. Sc.)

Wissensmanagement

Assignment

Überblick über Instrumente des Wissensmanagement

Abgabedatum: 16.08.2024

Inhaltsverzeichnis

Abbildungsverzeichnis I

Tabellenverzeichnis I

Abkürzungsverzeichnis II

1. Einleitung 1

    1.1   Relevanz und Problemstellung 1

    1.2   Ziel dieser Arbeit 2

    1.3   Aufbau der Arbeit 2

2. Grundlagen 3

    2.1   Wissen 3

    2.2   Wissensmanagement 3

3. Instrumente und Werkzeuge des Wissensmanagement 5

    3.1   Anforderungen an Instrumente und Werkzeuge des Wissensmanagement 5

    3.2   Motive beim Einsatz von Instrumenten des Wissensmanagement 6

    3.3   Einsatz von künstlicher Intelligenz im Wissensmanagement 7

4. Wissensmanagement-Instrumente in der Praxis 8

    4.1   Spezifische Fragestellungen an Wissensmanagement-Instrumente 8

    4.2   Erfolgreichen Einsatz von Wissensmanagement-Instrumenten 9

5. Zusammenfassung und kritische Reflexion 11

Literaturverzeichnis IV

Abbildungsverzeichnis

Abbildung 1: Managementkreislauf Wissen 4

Tabellenverzeichnis

Tabelle 1: Fragestellungen an Wissensmanagement-Instrumente.. 9

Abkürzungsverzeichnis

KI .... *Künstliche Intelligenz*

1. Einleitung

1.1 Relevanz und Problemstellung

In der aktuellen digitalen Ära stehen sich Mitarbeiter einer stetig wachsenden Informationsflut gegenüber. Diese Belastung führt nicht nur zu Stress und verminderter Entscheidungsgenauigkeit, sondern beeinflusst zusätzlich die Arbeitsqualität und die Mitarbeiterzufriedenheit. Dies sind unter anderem Einflussfaktoren für eine steigende Mitarbeiterfluktuation und den damit folgenden Wissensabgang. Angesichts dieser Herausforderungen wird deutlich, wie wichtig ein effektives Wissensmanagement für Unternehmen ist. [1]

Bereits im Jahr 2014 gaben Studienteilnehmer einer Studie des HAUFE-Verlags an, dass die wichtigsten Faktoren für den Erfolg eines Unternehmens neben den „Mitarbeiter", das „Wissen" und die „Weiterbildung" sind. So gaben 27% der befragten Studienteilnehmer an, dass ihnen auf ihrer Arbeit immer die richtigen Informationen zur Verfügung stehen. Der Hauptgrund hierfür ist, dass das Wissen zwar vorhanden, aber nicht auf direkt aufrufbar ist. So ist den Mitarbeitern nicht bekannt, wo das Wissen abgelegt ist oder die „Suche" nach dem Wissen gestaltet sich sehr kompliziert. Dies führt laut der Studienteilnehmer häufig zu Mehrarbeit, Fehlern und mangelnder Motivation.[2]

Es stellt sich nun die zentrale Frage, wie neue Instrumente und Technologien im Wissensmanagement dazu beitragen können die negativen Folgen der Informationsüberlastung zu verringern und das Management von Wissen in einem Unternehmen grundlegend zu verbessern. Hierzu werden die Möglichkeiten geprüft, welche modernen Lösungen die spezifischen Anforderungen und Bedürfnisse eines Unternehmens erfüllen. Das Wissensmanagements sollen nicht nur die Effizienz und Effektivität der Informationsverarbeitung steigern, sondern auch den individuellen und organisatorischen Herausforderungen standhalten.

---

[1] vgl. Lanquillon und Schacht, 2023, S. 151
[2] vgl. Haufe-Lexware GmbH & Co. KG, 2014

1.2   Ziel dieser Arbeit

Das zentrale Ziel dieser Arbeit ist die Analyse des erfolgreichen Einsatzes von Instrumenten und Werkzeugen des Wissensmanagements in Unternehmen zu untersuchen und darauf aufbauend die Herausforderungen und Chancen im Wissensmanagement aufzuzeigen. Des Weiteren sollen die Anforderungen an Wissensmanagement-Instrumente dargelegt werden und gefolgt von der Diskussion der Motivation hinter dem Einsatz dieser gewählten Instrumente.

Ein weiteres Ziel des Assignment ist die Ausarbeitung der spezifischen Fragestellungen hinter der Einführung von bestimmten Instrumenten und Werkzeugen des Wissensmanagements und welche Faktoren Einfluss auf den Erfolg eines Tools haben. Zukünftige Entwicklungen, welche den erfolgreichen Einsatz des Wissensmanagements beeinflussen können, wie beispielsweise Künstliche Intelligenz (KI), werden im Anschluss erörtert

1.3   Aufbau der Arbeit

Im zweiten Kapitel werden die notwendigen Definitionen der Begriffe „Wissen" und „Wissensmanagement" erläutert. Anschließend werden die Instrumente und Werkzeuge des Wissensmanagement analysiert und die Anforderungen an die Instrumente beschrieben. Die Motive der Unternehmen spezifische Instrumente einzuführen werden untersucht und es wird erklärt, welche Rolle diese Motive bei der Auswahl der Instrumente spielen. Das dritte Kapitel endet mit einer Diskussion über die Bedeutung von KI im Wissensmanagement.

Der darauffolgende Abschnitt befasst sich mit der praktischen Anwendung von Wissensmanagement-Instrumenten. Hierzu werden konkrete Fragestellungen vorgestellt, auf welche Unternehmen bei der Einführung von Wissensmanagement-Instrumenten stoßen können. Der Erfolg der Instrumente wird kritisch erörtert und mögliche Maßnahmen zur Verbesserung ihrer Effektivität dargelegt. Der Schlussteil enthält eine Zusammenfassung der Arbeit, sowie eine kritische Reflexion der Ergebnisse.

2. Grundlagen

2.1 Wissen

In der Organisations- und Managementlehre liegt keine eindeutige Definition des Begriffs „Wissen" vor. Aus psychologischer Sicht kann Wissen in drei Kategorien unterteilt werden: explizites, implizites und bildliches Wissen. Explizites Wissen ist das bewusste Wissen, welches katalogisierbar und in den meisten Fällen bereits dokumentiert ist. Implizites Wissen ist das Gewohnheitswissen, welches sich in den Entscheidungen der Menschen widerspiegelt und meist unterbewusst ist. Bildliches Wissen kann sowohl Anschauungs-, Erinnerungs-, und Vorstellungswissen sein.[3]

Bei Daten handelt es sich um isolierte Fakten, welche durch ein Alphabet oder eine definierte Syntax gebildet werden. Informationen entstehen, indem Daten in einen Kontext eingebettet werden. Aus Informationen wird Wissen durch die Vernetzung von Informationen, um daraus eine Handlung einzuleiten. Der Übergang von Daten zu Wissen ist graduell und unterstützt Handlungen und Entscheidungen eines Menschen. Im Gegensatz zu Daten und Informationen ist Wissen immer an Personen gebunden.[4]

2.2 Wissensmanagement

Wissensmanagement „beinhaltet den Erwerb, die Entwicklung, den Transfer, die Speicherung und Anwendung von Kenntnissen."[5] Ein relevantes Kriterium für den Unternehmenserfolg ist die organisationale Wissensbasis eines Unternehmens und die daraus gebildeten individuellen und kollektiven Wissensstände. Ein wesentliches Ziel des Wissensmanagements ist die Generierung von nutzbarem Wissen aus vorliegenden Informationen und dieses Wissen in Wettbewerbsvorteilen umzusetzen. Das vorhandene Wissen sollte somit optimal genutzt und kontinuierlich erweitert werden, um die Effizienz und die Innovationsfähigkeit des Unternehmens zu steigern.[6] In der Unternehmenspraxis wird das Wissen häufig durch den Wissensmanager aktiv akquiriert durch etwaiges

---

[3] vgl. Frey-Luxemburger, 2014, S. 13 f.
[4] vgl. Polzin, Ringler und Weigl, 2022, S. 3
[5] vgl. Hermanni, 2022, S. 344
[6] vgl. Polzin, Ringler und Weigl, 2022, S. 3 f.

Sammeln von Projektergebnissen und die anschließende Verteilung über festgelegte Kommunikationskanäle eines Unternehmens.[7]

Die Abbildung 1 zeigt die drei Komponenten des Wissensmanagementmodells, welche im Zentrum des Managementkreislaufs stehen: Mensch, Organisation und Technik. Die Verbindungen zwischen den unterschiedlichen Komponenten und Prozessschritten des Kreislaufes zeigen, welche wechselseitigen Abläufe und Zusammenhänge im Wissensmanagement vorhanden sind.

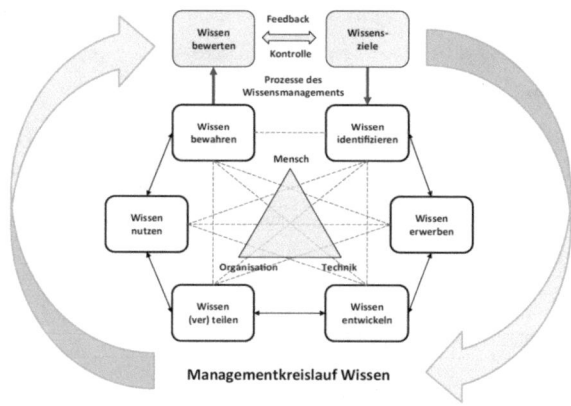

Abbildung 1: Managementkreislauf Wissen[8]

Die Geschichte des Wissensmanagement begann in einer großen Euphorie in den späten 1980er und 1990er Jahren über die Möglichkeit, Wissen als wertvollste Ressource systematisch handhabbar zu machen und Wettbewerbsvorteile zu erlangen. Wissensmanagement wird meist erst dann eingeführt, wenn in Abteilungen wie beispielsweise die IT ineffiziente Wissensflüsse aufgrund wachsender Unternehmensgröße anfallen. Organisatorisch wird Wissensmanagement an verschiedenen Stellen eines Unternehmens angesiedelt. So kann es beim Top-Management, der Kommunikationsabteilung, Research oder der IT angesiedelt sein, was die Unsicherheit über die optimale Platzierung verdeutlicht. In der Vergangenheit kam es in der Theorie und Praxis oft zu Fehlentwicklungen nach anfänglicher Begeisterung, wodurch das Wissensmanagement nicht die erwarteten Vorteile in traditionellen Strukturen erbrachte.[9]

---

[7] vgl. Grasshoff und Kellner, 2023, S. 1
[8] vgl. Weber und Berendt, 2017, S. 31
[9] vgl. Grasshoff und Kellner, 2023, S. 3 ff.

3. Instrumente und Werkzeuge des Wissensmanagement

Instrumente und Werkzeuge des Wissensmanagement sind systematische Methoden und Technologien, um Wissen innerhalb einer Organisation zu verwalten. Sie unterstützen den Prozess der Generierung, Verteilung und Nutzung von Wissen innerhalb eines Unternehmens.[10] Im folgenden Kapitel werden die Anforderungen und Motive für den Einsatz von Instrumenten und Werkzeugen erläutert.

3.1 Anforderungen an Instrumente und Werkzeuge des Wissensmanagement

Die Aufgaben des Wissensmanagement umfassen die Bereiche Wissensrepräsentation, Wissenskommunikation, Wissensentwicklung und Wissensnutzung.[11] Anhand dieser vier Bereiche lassen sich die unterschiedlichen Anforderungen an Instrumente und Werkzeuge des Wissensmanagements definieren.

Für eine effiziente Wissensrepräsentation müssen die Werkzeuge in der Lage sein, Wissen in gut strukturierter und leicht zugänglicher Weise zu speichern und Wissensverlust zu minimieren. Sie sollten die Fähigkeit haben, Informationen zu kategorisieren, zu taggen und zu verlinken. Des Weiteren sollte die Möglichkeit zur Visualisierung von Informationen gegeben sein, durch beispielsweise Mapping-Techniken.[12]

Zugänglichkeit und Verfügbarkeit sind entscheidende Anforderungen in Bezug auf Wissenskommunikation. Es muss sichergestellt sein, dass das benötigte Wissen für alle relevanten Akteure und Stakeholder bestenfalls jederzeit und ortsunabhängig zur Verfügung steht. Dies ist notwendig für die Umsetzung einer modernen, vernetzten Arbeitswelt. Die modernen Werkzeuge sollten nicht nur Wissen bereitstellen, sondern auch interaktive Funktionen für eine demokratischere, flexiblere und schnellere Verbreitung des vorhandenen Wissens innerhalb des Unternehmens bieten.[13]

Essenziell für die Entwicklung von neuem Wissen in einem Unternehmen sind Innovation und Kreativität.[14] Deshalb müssen die Werkzeuge Funktionen für die Unterstützung kreativer Prozesse und Innovationsprojekten bieten. Maßgeblich hierfür ist die

---

[10] vgl. Wastian et al., 2018, S. 65 f.
[11] vgl. Frey-Luxemburger, 2014, S. 213
[12] vgl. Wastian et al., 2018, S. 67
[13] vgl. Lanquillon und Schacht, 2023, S. 34
[14] vgl. Frey-Luxemburger, 2014, S. 213

Kollaborationsfähigkeit der eingesetzten Werkzeuge, da eine gemeinsame Arbeitsumgebung bereitgestellt werden sollte.

Die Nutzung von vorhandenem Wissen erfordert leistungsstarke Suchfunktionen, welche dem Nutzer ermöglichen schnell und effizient auf das benötigte Wissen zuzugreifen.[15] Für die Erleichterung des Zugriffs auf das Wissen, sollten die Instrumente in bestehende Arbeitsprozesse integriert werden. Um sich an die spezifischen Bedürfnisse der Nutzer anzupassen, müssen die Werkzeuge zusätzlich in der Lage sein mit Hilfe von Personalisierungsfunktionen das Wissen zu individualisieren.[16]

Durch die Erfüllung dieser Anforderungen können Instrumente und Methoden des Wissensmanagements effektiv dazu beitragen, Wissen innerhalb des Unternehmens zu erfassen, zu teilen, zu entwickeln und zu nutzen, was die Innovationskraft und die Wettbewerbsfähigkeit des Unternehmens stärken.

3.2 Motive beim Einsatz von Instrumenten des Wissensmanagement

Es gibt viele zusammenhängende Motive für oder gegen den Einsatz eines spezifischen Instrumentes. Aus Gründen der Übersichtlichkeit wird in diesem Kapitel jeweils jedes Instrument für dessen Einsatz nur einmalig im Kontext eines entscheidenden Motives benannt.

Das Ziel der Effizienzsteigerung soll Arbeitsprozesse optimieren und Routineaufgaben automatisieren. Zur Erreichung dieses Ziels setzen Unternehmen auf Workflow-Management-Systeme und Dokumenten-Management-Systeme. Ein Workflow-Management-System automatisiert und steuert Geschäftsprozesse durch grafische Modellierungswerkzeuge, durch eine Statusverfolgung und einem Rollenmodell, welches personelle Abhängigkeiten vermeidet. Dokumenten-Management-Systeme hingegeben vereinfachen die Verwaltung und den Zugriff auf Dokumente und tragen so zur effizienten Wissensnutzung bei.[17]

Für die Erarbeitung von Innovationen und Lösungen von Problemstellungen ist essenziell für eine gute Zusammenarbeit. Viele Unternehmen unterstützen daher den kreativen Prozess

---

[15] vgl. Grasshoff und Kellner, 2023, S. 64
[16] vgl. Frey-Luxemburger, 2014, S. 75 f.
[17] vgl. Frey-Luxemburger, 2014, S. 106

und die Wissensvernetzung, durch den Einsatz von Kollaborationsplattformen.[18] Es handelt sich hierbei um cloud-basierte Anwendungen, welche verschiedene Enterprise-Social-Software-Werkzeuge vereinen und verknüpft mit dem Ziel die kollaborative Zusammenarbeit in einem Unternehmen vereinfachen und effektiv gestalten. Die nahtlose Zusammenarbeit räumlich getrennter Teams ist hierbei ein rudimentäres Ziel.[19]

Gerade in Zeiten des demografischen Wandels mit einer hohen Anzahl an Renteneintritten ist die Wissensbewahrung und die Verhinderung des Verlusts relevanten Wissens wichtiger denn je.[20] Unternehmens-Wikis helfen hierbei, denn sie ermöglichen die kollaborative Erstellung und Pflege von Wissensdatenbanken. In diesen Datenbanken können die Informationen strukturiert und leicht auffindbar abgelegt und aufbewahrt werden.[21]

Business-Intelligence-Tools können die die Wettbewerbsfähigkeit eines Unternehmens steigern, da sie Daten in kurzer Zeit analysieren und durch fundierte Entscheidungen das Management unterstützen können. Darüber hinaus ermöglichen sie eine schnelle Reaktionsfähigkeit und die Möglichkeit Trends und Muster frühzeitig zu erkennen, was sich wiederum ebenfalls positiv auf die Wettbewerbsfähigkeit auswirkt.[22]

Zur Unterstützung der Mitarbeiter bei der beruflichen Entwicklung und der Erleichterung ihres Arbeitsalltages ist die Steigerung der Mitarbeiterzufriedenheit und -bindung ebenso ein Motiv für den Einsatz der Instrumente des Wissensmanagements. Hierzu werden Lernmanagementsysteme mit Schulungs- und Weiterbildungsmöglichkeiten eingesetzt, um die Karriere der Mitarbeiter durch Lerneinheiten zu fördern.[23]

3.3   Einsatz von künstlicher Intelligenz im Wissensmanagement

KI gewinnt im Kontext des Wissensmanagements zunehmend an Bedeutung, da KI-Technologien maßgeblich zur Effizienzsteigerung und Optimierung der eingesetzten Instrumente und Werkzeuge des Wissensmanagements beitragen können. Der Einsatz von KI ist somit eine Entwicklung im Wissensmanagement, welche ein großer Einfluss auf die Wissensmanagement-Instrumente hat.

---

[18] vgl. Polzin, Ringler und Weigl, 2022, S. 19
[19] vgl. Zinke-Wehlmann und Friedrich, 2021, S. 77 f.
[20] vgl. Polzin, Ringler und Weigl, 2022, S. 33
[21] vgl. Lanquillon und Schacht, 2023, S. 34
[22] vgl. Abts und Mülder, 2017, S. 270
[23] vgl. North, Reinhardt und Sieber-Suter, 2013, S. 187 f.

Durch die automatische Analyse großer Datenmengen und der schnellen Extraktion relevanter Informationen durch KI, kann die Entscheidungsfindung erheblich verbessert und Trends und Muster frühzeitiger und besser identifiziert werden. Auch ist der Einsatz von KI inzwischen häufig notwendig, um im Kontext von Big Data erzeugte Datenmengen bewältigen zu können.[24]

KI-gestützte Systeme ermöglichen eine präzisere Personalisierung von Wissensressourcen und eine proaktive Wissensvermittlung, was zudem die Nutzbarkeit und Akzeptanz des Wissensmanagement-Tools bei den Mitarbeitern erhöht.[25]

Zusammenfassen hat KI die Möglichkeit drei zentrale Probleme des Wissensmanagement zu verringern bzw. zu lösen: Wissen schaffen, Wissen speichern und Wissen verteilen.[26] Der Einsatz von KI kann dazu beitragen die Ziele zu erreichen und die Realisierung der in Kapitel 3.2 formulierten Anforderungen in vielen Bereichen zu erleichtern.

4. Wissensmanagement-Instrumente in der Praxis

4.1 Spezifische Fragestellungen an Wissensmanagement-Instrumente

Bei der Auswahl und dem Einsatz von Wissensmanagement-Instrumenten in einem Unternehmen ist es sinnvoll, konkrete Fragestellungen für den Einsatz zu entwickeln. Dies dient zur Sicherstellung, dass die gewählten Tools effektiv auf den spezifischen Bedürfnissen und Herausforderungen des Unternehmens abgestimmt sind und den größtmöglichen Nutzen bieten. In der folgenden Tabelle werden daher konkrete Fragestellungen und Bespiele für geeignete Instrumente und Werkzeuge und deren möglicher, erfolgreicher Einsatz im Unternehmen aufgelistet.

---

[24] vgl. Olson und Lauhoff, 2023, S. 3
[25] vgl. Olson und Lauhoff, 2023, S. 3 f.
[26] vgl. Ojansuu, 2023

Kategorie	Fragestellung	Instrument
Dokumentenverwaltung und -abruf	Wie kann unser Unternehmen sicherstellen, dass wichtige Dokumente schnell und effizient gefunden werden?	Dokumentenmanagementsysteme, Intranet
Expertenfindung und Wissensaustausch	Wie kann unser Unternehmen schnell die richtigen Experten für spezifische Aufgaben und Fragestellungen identifizieren und deren Wissen nutzen?	Community-Plattformen, KI-gestützte Empfehlungssysteme, Expertenverzeichnis
Prozessoptimierung und Workflow-Management	Wie kann unser Unternehmen unsere Geschäftsprozesse effizienter gestalten und die Einhaltung von Best Practise sicherstellen?	Workflow-Management-Systeme, Projektmanagement-Tools.
Wissensgenerierung und -nutzung	Wie kann unser Unternehmen sicherstellen, dass das Wissen aus verschiedenen Projekten und Abteilungen systematisch erfasst und genutzt wird?	Wissensdatenbanken, KI-gestützte Analytik
Kundensupport und Service	Wie kann unser Unternehmen sicherstellen, dass Kundenanfragen schnell und effektiv bearbeitet werden?	Self-Service-Portale; Helpdesk-Systeme
Innovationsmanagement	Wie kann unser Unternehmen die Entwicklung neuer Ideen und Innovationen systematisch fördern und verfolgen?	Projektmanagement-Tools, Ideenmanagement-Systeme

Tabelle 1: Fragestellungen an Wissensmanagement-Instrumente[27]

Diese Übersicht verdeutlicht die vielfältigen Möglichkeiten den Herausforderungen im Wissensmanagement effektiv zu begegnen, welche Unternehmen zur Verfügung stehen. Im folgenden Kapitel wird der Erfolg dieser Instrumente und Technologien in der praktischen Anwendung innerhalb eines Unternehmens diskutiert.

4.2   Erfolgreichen Einsatz von Wissensmanagement-Instrumenten

Der Erfolg eines geeigneten Instruments ist selbst bei der Einführung trotz der vielfältigen Möglichkeiten nicht garantiert. Es gibt vielfältige Gründe, welche dazu führen, dass die erhofften positiven Effekte nicht oder nur in geringen Maßen auftreten. Andererseits gibt es

---

[27] Eigene Darstellung

9

Maßnahmen die Unternehmen ergreifen können, um den Erfolg der Einführung positiv zu beeinflussen.

Den größten Einfluss auf die Einführung von Wissensmanagement-Instrumenten haben menschliche Faktoren. Mangelnde Benutzerakzeptanz der neuen Systeme durch die Mitarbeiter ist für das Unternehmen ein großes Problem. Neben einer förderlichen Unternehmenskultur sind Unterstützung durch die Führungsebene und Schulungen wichtige Faktoren, um die Akzeptanz der Werkzeuge zu gewährleisten.[28]

Mitarbeiter werden oft nicht ausreichend in den neuen Technologien geschult und daher nutzen sie weiterhin ihre gewohnten Arbeitsmethoden. Deshalb ist es unerlässlich, dass sich das Wissensmanagement und seine Instrumente an die neuen Arbeitswelten wie Remote und mobilem Arbeiten anpassen, um erfolgreich zu sein.[29]

Die Unternehmenskultur spielt bei vielen Instrumenten des Wissensmanagements eine entscheidende Rolle. Ein Ideenmanagement kann dazu führen, dass Mitarbeiter ihre Verbesserungsvorschläge einbinden und somit Innovationspotenzial freisetzen, doch wenn die Mitarbeitenden die Verantwortung für die Umsetzung dieser Vorschläge vollständig an die Führungskraft abgeben (müssen), fehlt dem Unternehmen die Agilität und das System kann seine volle Wirkung nicht entfalten. Es ist daher wichtig, die Integration von Wissensmanagement in die Unternehmensstrategie zu gewährleisten.[30]

Auch klassische Instrumente des Wissensmanagements, wie ein Intranet, können mittels einigen Anpassungen erfolgreicher gemacht werden. In vielen Unternehmen ist das Intranet ein Sammelort für oftmals veraltete Dokumente und Informationen, welche schlecht aufgearbeitet sind. Ein klares Qualitätsmanagement mit einem Qualitätssicherungsprozess, klaren Zuständigkeiten und einem durchdachten Zugriffs- und Berechtigungskonzept kann das Intranet zu einem effektiven Werkzeug für das Wissensmanagement machen.

Zusammenfassen können die zukünftigen Erfolge von Wissensmanagement-Instrumenten maßgeblich durch den Einsatz von neuen Technologien, wie KI und moderne Analysetools, beeinfluss werden. Jedoch sind die Erfolge abhängig von der Akzeptanz der Mitarbeiter und Führungskräfte und ob sich die Möglichkeit der Umsetzung der neuen Technologien im Unternehmen anbietet.[31]

---

[28] vgl. Onofre und Teixeira, 2022, S. 93 f.
[29] vgl. Helmold et al., 2023, S. 89
[30] vgl. Ojansuu, 2023
[31] vgl. Grasshoff und Kellner, 2023, S. 60 ff.

5. Zusammenfassung und kritische Reflexion

Wissensmanagement umfasst den Erwerb, die Entwicklung, den Transfer, die Speicherung und Anwendung von Kenntnissen. Es hat zu Ziel aus Informationen nutzbares Wissen zu generieren und dieses in Wettbewerbsvorteilen umzusetzen. Die drei zentralen Komponenten eines Wissensmanagementmodells sind Mensch, Organisation und Technik. Die Instrumente des Wissensmanagements dienen zur Generierung von Wissen, diesen zu verteilen und zu nutzen. Diese haben zur Anforderung die effiziente Wissenskommunikation, -entwicklung und -nutzung. Die Werkzeuge müssen in der Lage sein, Wissen strukturiert und zugänglich zu speichern, interaktive Funktionen bieten und kreative Prozesse unterstützen. Unternehmen setzen Wissensmanagement-Instrumente zur Steigerung der Effizienz, Förderung der Zusammenarbeit und der Wissensbewahrung ein. Der Erfolg dieser Werkzeuge hängt hierbei stark von menschlichen Faktoren ab. Neue Technologien wie KI bieten großes Potenzial, wenn dazu passende Taktiken und Prozesse entwickelt werden. Ein effektives Wissensmanagement erfordert klare Qualitätsmanagementprozesse, Zuständigkeiten und ein durchdachtes Berechtigungskonzept. Zukünftige Erfolge hängen von der Integration der neuen Technologien in die Unternehmensstrategie und der Akzeptanz der Mitarbeiter ab.

Die kritische Reflexion dieser Arbeit zeigte, dass die Auswirkungen von KI auf das Wissensmanagement diskutiert wurden, aber welche Entwicklungen sich daraus für die einzelnen Instrumente ergeben, wurde nicht näher dargelegt. Es wird zwar beschrieben, dass der Einsatz von KI das Wissensmanagement beeinflusst, allerdings wurde dies nicht detailliert betrachtet. Im Rahmen der Arbeit wurden die Instrumente genannt, welche für spezifische Fragestellungen des Wissensmanagement eingesetzt werden können, wie der erfolgreiche Einsatz in der Unternehmenspraxis aussehen kann, wurde nicht beleuchtet. Dies hätte zu einem tieferen Verständnis geführt, warum einzelne Instrumente für diese Fragestellungen erfolgsversprechend sind. Abschließend wäre eine Analyse verschiedener Fallbeispiele von Unternehmen, welche Wissensmanagement-Instrumenten bereits im Einsatz haben bzw. bei denen der Einsatz gescheitert ist, für die Erreichung der Ziele der Arbeit hilfreich gewesen.

Literaturverzeichnis

Abts Dietmar, Mülder Wilhelm, 2017. *Grundkurs Wirtschaftsinformatik: eine kompakte und praxisorientierte Einführung*, 9. Auflage, Springer Vieweg, Wiesbaden.

Frey-Luxemburger Monika, 2014. *Wissensmanagement - Grundlagen und praktische Anwendung: Eine Einführung in das IT-gestützte Management der Ressource Wissen*, 2. Auflage, Springer Fachmedien, Wiesbaden.

Grasshoff Richard, Kellner Christoph J., 2023. *Kollaboratives Wissensmanagement: Grundlagen und Fallstudien*, Springer Gabler, Wiesbaden.

Haufe-Lexware GmbH & Co. KG, 2014. *Produktiver Umgang mit Wissen in Unternehmen*, https://www.faktor4-beratung.de/sites/default/files/haufe-studie-wissen-in-unternehmen.pdf (Zugriff am 15.08.2024).

Helmold Marc, Landes Miriam, Steiner Eberhard, Dathe Tracy, Jeschio Lars, 2023. *New Work, Neues Arbeiten virtuell und in Präsenz: Konzepte und Werkzeuge zu innovativer, agiler und moderner Führung*, Springer Gabler, Wiesbaden.

Hermanni Alfred-Joachim, 2022. *Business Guide für strategisches Management: 50 Tools zum geschäftlichen Erfolg*, 2. Auflage, Springer Gabler, Wiesbaden.

Lanquillon Carsten, Schacht Sigurd, 2023. *Knowledge Science – Fallstudien: wie mit Künstlicher Intelligenz die Wissenssicherung und -nutzung im Unternehmen unterstützt wird*, Springer Vieweg, Wiesbaden.

North Klaus, Reinhardt Kai, Sieber-Suter Barbara, 2013. *Kompetenzmanagement in der Praxis: Mitarbeiterkompetenzen systematisch identifizieren, nutzen und entwickeln Mit vielen Fallbeispielen*, 2. Auflage 2013, Gabler Verlag Imprint, Wiesbaden.

Ojansuu Perttu, 2023. *Knowledge Management Is Broken: Here's How Generative AI Could Fix IT,* https://www.forbes.com/councils/forbestechcouncil/2023/12/05/knowledge-management-is-broken-heres-how-generative-ai-could-fix-it/ (Zugriff am 15.08.2024).

Olson David L., Lauhoff Georg, 2023. *Deskriptives Data-Mining*, Springer, Cham.

Onofre Ines, Teixeira Leonor, 2022. *Critical Factors for a Successful Knowledge Management Implementation: A Systematic Literature Review*, https://academic-publishing.org/index.php/ejkm/article/view/2357/2093 (Zugriff am 15.08.2024).

Polzin Brigitte, Ringler Peter, Weigl Herre, 2022. *Wissensmanagement im Bauwesen: Schnelleinstieg für Architekten und Bauingenieure*, Springer Vieweg, Wiesbaden.

Wastian Monika, Braumandl Isabell, von Rosenstiel Lutz, West Michael, 2018. *Angewandte Psychologie für das Projektmanagement: ein Praxisbuch für die erfolgreiche Projektleitung*, 3. Auflage, Springer, Berlin.

Weber Frank, Berendt Joachim, 2017. *Robuste Unternehmen: Krisenfest in Zeiten des Umbruchs*, Springer Gabler, Wiesbaden.

Zinke-Wehlmann Christian, Friedrich Julia, 2021. *Social Business Transformation: Werkzeuge für erfolgreiche digitale Zusammenarbeit in Unternehmen.* Springer Vieweg, Wiesbaden .